BEI GRIN MACHT SICH IHR WISSEN BEZAHLT

Strategiebericht für ein Gesundheitsstudio in Düsseldorf. Strategische Zielplanung, Analyse und Prognose, Blue-Ocean-Strategie und Personalmanagement

Eva Maria Lehmann

Bibliografische Information der Deutschen Nationalbibliothek:

Die Deutsche Nationalbibliothek verzeichnet diese Publikation in der Deutschen Nationalbibliografie; detaillierte bibliografische Daten sind im Internet über http://dnb.d-nb.de abrufbar.

ISBN: 9783346705600
Dieses Buch ist auch als E-Book erhältlich.

Druck und Bindung: Books on Demand GmbH, Norderstedt Germany
Gedruckt auf säurefreiem Papier aus verantwortungsvollen Quellen

Das vorliegende Werk wurde sorgfältig erarbeitet. Dennoch übernehmen Autoren und Verlag für die Richtigkeit von Angaben, Hinweisen, Links und Ratschlägen sowie eventuelle Druckfehler keine Haftung.

Das Buch bei GRIN: https://www.grin.com/document/1265527

Deutsche Hochschule für
Prävention und Gesundheitsmanagement
Hermann-Neuberger-Sportschule 3
66123 Saarbrücken

Hausarbeit

Name, Vorname	Lehmann, Eva Maria
Studiengang	Master Prävention und Gesundheitsmanagement
Studienmodul	Strategische Unternehmensführung 1
Datum Präsenzphase (siehe Ergebnisdokumentation)	16.05.22 – 18.05.2022
Aufgabe	Erstellung eines Strategieberichts für ein Gesundheitsstudio in Düsseldorf

Inhaltsverzeichnis

1 Darstellung der Ausgangssituation

1.1 Wahl des Standortes

Abb.1 (Eigene Darstellung) erstellt mithilfe des Openrouteservice (Heidelberg Institute für Geoinformation Technology, 2022) – Maßstab 1:20000

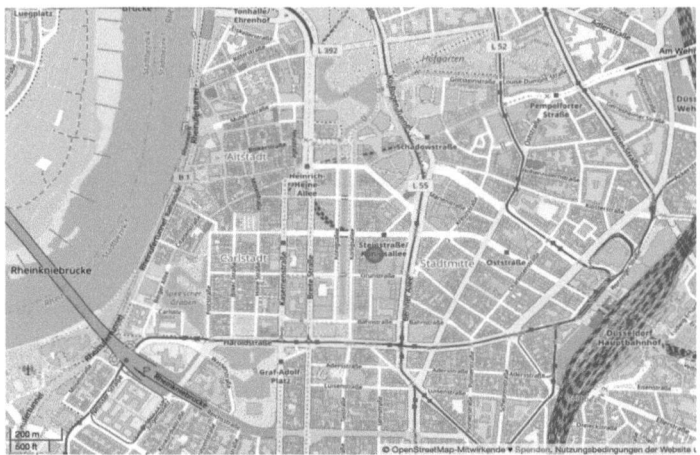

Das exemplarische Gesundheitsstudio befindet sich in der Stadtmitte von Düsseldorf (vgl. grauer Punkt Abb.1). Die Königsallee ist zu einem Markenzeichen von Düsseldorf geworden und gehört zu den größten Shoppingadressen von Europa (vgl. Düsseldorf Tourismus, 2022). Stars, Designer, Prominente sowie viele wohlhabende Menschen suchen die „Kö" auf. Untergebracht in den umliegenden Luxushotels, ist die Zielgruppe des Gesundheitsstudios gleich vor Ort. „Wer shoppen und speisen kann, kann auch etwas für seine Gesundheit tun". Ob man nach einem Gourmetessen das Bedürfnis hat, sich die Beine zu vertreten oder man als Geschäftsmann in der Königsallee in der Mittagspause etwas Gutes für Körper und Seele tun möchte, die Gründe für Sport und Gesundheit können verschieden sein. Aufgrund dieser örtlichen Gegebenheit und mit der Anknüpfung an ein USP (Alleinstellungsmerkmal), habe ich diesen Standort ausgewählt. Die folgende Tabelle 1 stellt sowohl charakteristische Merkmale des Standortes speziell in der Kö-Galerie in Düsseldorf, als auch spezielle Merkmale des Standortes der Stadt Düsseldorf dar.

Tab. 1: Beschreibung des Standortes Kö-Galerie in Düsseldorf

Besonderheiten des Standortes Kö-Galerie	Eigene Parkplätze im komfortablen Kö-Galerie Parkhaus, Zielgruppe umliegend vor Ort (Kunden der Kö-Galerie), gehobene Kundschaft (Premium- und Luxusmarken vertreten), zentrale Lage (Düsseldorf Altstadt, Nähe Bahnhof, Entfernung: 15 min zu Fuß) (ECE Marketplaces GmbH & Co. KG, 2022)
Verkehrsanbindungen zum Standort Kö-Galerie	Zu Fuß: 15 min vom Hauptbahnhof entfernt (ECE Marketplaces GmbH & Co KG, 2022); Mit öffentlichen Verkehrsmitteln: „U-Bahn: U70, U76, U78, U79 Haltestelle: Steinstraße/Königsallee Straßenbahn/Bus: 706, 715, 780, 782, 785 Haltestelle: Steinstraße/Berliner Allee" (ECE MARKETPLACES GmbH & Co KG, 2022) Optional: Taxi-Standplatz direkt vor der Königsallee (ECE Marketplaces GmbH & Co. KG)
Königsallee Düsseldorf (umliegende Umgebung)	Luxushotel Steigenberger Parkhotel (Zielgruppe), Hotel Favor (Zielgruppe), Schadow Arkaden, Kö-Center, Kö-Bogen, Sevens, Stilwerk, Kunstgalerien wie die Cobra Gallery, Boutiquen, vornehmende Restaurants, Praxis für Ästhetische Medizin, Juweliere und vieles mehr (vgl. IG Kö Marketing GmbH, 2022)
Kaufkraftindex und BIP von Düsseldorf	Kaufkraftindex: 118,2 (Deutschland = Kaufkraftindex von 100) und Bruttoinlandsprodukt je Erwerbstätigen: 92974 € (Landeshauptstadt Düsseldorf, 2022)
Gewerblicher Mietspiegel 1A – Lage (Königsallee)	Ab 100 m² liegen Netto-Marktmieten ohne Nebenkosten pro m² bei 120,00 € - 240,00 € pro m² (IHK Düsseldorf, 2015)
Arbeitskräftepotenzial & Arbeitslosenquote	Düsseldorf verfügt über eine hohe Beschäftigungsdichte von 969 bei 1000 Einwohnern. Die Arbeitslosenquote liegt bei 8,0 (Landeshauptstadt Düsseldorf, 2022)

1.2 Beschreibung des Unternehmenstyps

Als Segmentierung bietet sich in Bezug auf die Lage der höhere Premiumbereich an. Die Hauptzielgruppe des Gesundheitsstudios in der Düsseldorfer Kö-Galerie umfasst aufgrund des umfangreichen Angebotes eine relativ breite Altersspanne von Frauen und Männern im Alter von 30-85 Jahren. Die Zielgruppe liegt hier auf Einwohner/Urlauber mit einer hohen Kaufkraft. Die Gründe für einen Besuch in diesem Studio reichen von gesundheitlichen Problemen wie Arthrose und Bandscheibenvorfällen (u.a. auch auf ärztliche Empfehlung) hin zu ästhetischen und Lifestyle-Aspekten. So mancher möchte auch nur einen Ort zu finden, wo man entspannen, abschalten und sich verwöhnen lassen kann.

Der Fokus liegt hier vor allem bei der individuellen und persönlichen Betreuung des Mitglieds. Sei dies in Form eines Personaltrainings, einer Ernährungsberatung mit Ernährungsplan, einer umfassenden hochwertigen Körperanalyse, einer Massage oder eine Betreuung durch einen Physiotherapeuten. Neben einem kleinen Bereich für Ausdauer und Functional Training verfügt das Studio über einen Krafttrainingsbereich mit hochwertigen e-gym Geräten, eine Wellnessoase (Massageraum, Whirlpool, Sauna und einer Bar mit gesunden Drinks) sowie eine Kältesauna. Die Hauptzielgruppe verfügt über eine hohe Kaufkraft, weshalb hier auch die Bereitschaft, mehr Geld in die Gesundheit zu investieren, grundsätzlich vorhanden ist.

Aufgrund des hervorragenden, vielseitigen und ausreichend bereitgestellten Personals (Ernährungsmediziner und -berater, Physiotherapeuten, Personal Trainer, Diplom-Trainer, Masseuren, kryotherapeutische Fachangestellte etc.) sowie der facettenreichen Produktpalette in einem gehobenen Ambiente hebt sich das Gesundheitsstudio von seiner Konkurrenz ab. Eine 1:1 Betreuung ist Standard. Eine Kryotherapie kann bei degenerativen Gelenkbeschwerden, Schmerzen bei Arthrose und Rheuma, sowie bei vielen weiteren Diagnosen wahre Wunder wirken und zur Verbesserung des Allgemeinbefindens beitragen (vgl. HealthDataSpace, 2022).

Das Angebot wird mittels eines individuellen Preismodells abgewickelt. Trainieren mit oder spontan ohne Termin ist möglich und richtet sich nach Auslastung und den Betreuungswünschen. Das Mitglied entscheidet. Einmalige Besuche, bei denen der Klient nur die Leistungen bezahlt, die er in Anspruch nimmt, bis hin zu 10er-Karten sowie einem flexiblen, monatlich kündbaren All-in-Luxustarif runden das Angebot ab. Der Preis spielt hier aufgrund der gehobenen Klientel keine Rolle. Unter Berücksichtigung der Preispsychologie und dem Verkauf von Qualität starten die Preise für ein Personaltraining bei 95,00 € pro Stunde, ein Besuch in der Eis Sauna ist ab 49,00 € möglich, eine 25-minütige Triggerpunkt Therapie schon ab 36,00 €. Die Preise werden entsprechend der in Anspruch genommenen Leistungen angepasst. Die Öffnungszeiten sind zudem wochentags von 06:00 Uhr bis 22:00 Uhr und am Wochenende von 07:00 Uhr bis 20:00 Uhr. Es besteht zudem die Möglichkeit, in Form eines zuvor professionell erstellten Trainingsplanes das Gesundheitsstudio z.b. für Cardioeinheiten ohne Trainer frei zu nutzen.

2 Phase der strategischen Zielplanung

2.1 Unternehmerische Vision/Mission/Grundwerte

Eine Vision stellt einen kleinen Ausblick in die Zukunft dar (Johnson, Whittington, Scholes, Angwin und Regnér, 2016, S.198). Hier sollte dem Interessenten deutlich werden, was das Unternehmen zu sein anstrebt (vgl. Johnson et al.).

Die Vision des Gesundheitsstudios in der KÖ-Galerie lautet daher, DER beste Gesundheitsanbieter Düsseldorfs zu sein. (Fokus Nischenstrategie → Differenzierungsstrategie → Qualitätsführer)

Daraus wird der Ausblick auf die Zukunft deutlich. Das Ziel ist realistisch, es bezieht sich auf die Stadt Düsseldorf und verdeutlicht auch, was das Unternehmen zu sein anstrebt (vgl. Definition: Die Vision von Johnson et al.). Das Wunschbild, der Beste zu sein, wird dem Kunden vor Augen geführt. Zudem ist es emotional, da der Kunde mit diesem Bild eine gute Betreuung und Geborgenheit verknüpft und ihm wird das Gefühl vermittelt, in guten Händen zu sein.

Eine Mission verfolgt das Ziel, Mitarbeitern und Interessengruppen unter anderem die Daseinsberechtigung des Unternehmens zu verdeutlichen (Johnson et al.). Der Kern einer Mission besteht darin Verständnis aufzubauen, Vertrauen zu schaffen im Hinblick auf die Beziehung der Unternehmensstrategie (vgl. Johnson et al.).

Die Mission des Gesundheitsstudios in der Kö-Galerie: Wir machen IHR Ziel zu UNSEREM Ziel. Wir möchten das Beste aus Ihnen herausholen und Sie optimal auf Ihrem sportlichen Weg begleiten. Bei uns trifft Sport, Ernährung, Erholung und Gesundheit auf Luxus und professionelle Betreuung.

Bei dieser Mission werden dem Kunden die Daseinsberechtigung sowie das Geschäftsmodell vor Augen geführt. Es geht um die optimale, professionelle sowie, unter Berücksichtigung des Zieles, individuelle Betreuung des Klienten. Durch die Begleitung auf dem sportlichen Weg, sowie die Annahme des persönlichen Zieles des Kunden werden nicht nur Verständnis, sondern auch Vertrauen zum Kunden erweckt (vgl. Definition Mission von Johnson et al., 2016). Die Dienstleistung, womit das Unternehmen sein Geld verdient (Sport, Ernährung, Erholung und Gesundheit) wird deutlich. Ein USP

(Alleinstellungsmerkmal), die Verbindung von Luxus, Gesundheit, professionelle Betreuung und Sport wird dem Kunden aufgezeigt und macht das Unternehmen einzigartig. Es unterstreicht noch einmal die Daseinsberechtigung.

Grundwerte, auch Basiswerte einer Organisation genannt, stellen die zugrunde liegenden Zusammenhänge dar, woraus sich die leitende Strategie für das Unternehmen ergibt (vgl. Johnson et al., S. 197).

Die Grundwerte leiten sich aus der Mission ab. Zu nennen sind hier Gesundheit/Gesundheitsförderung (siehe Mission), Individualität (ihr Ziel → unser Ziel = individuelles Ziel), Entscheidungsfreiheit (der Kunde ist König, wir betreuen und begleiten Sie auf Ihrem frei gewählten Weg), Gemeinschaft (wir begleiten Sie), (optimale) Unterstützung (siehe Mission), Betreuung (siehe Mission), Professionalität (siehe Mission), Zielstrebigkeit (Anspruch, bester Gesundheitsanbieter Düsseldorf zu werden), Anpassungsfähigkeit (Ziel des Kunden ist auch „unser" Ziel), Einzigartigkeit (das Beste aus dem Kunden herausholen) sowie Ruhe, Entspannung und Wohlbefinden (siehe Mission).

2.2 Strategische Zielplanung

Die präzisierten Unternehmensziele, die sich aus der Unternehmensvision-/Mission und den Grundwerten ableiten sind für das Jahr 2023-2025 angesetzt und richten sich nach dem mittleren „Zeithorizont" (Bamberger & Wrona, 2012) der nach Hungenburg & Wulf, 2011, S.51, bis zu 3 Jahre umfassen kann. Hier orientiere ich mich nach der SMART Regel (**S**pecific (spezifisch), **M**easurable (messbar), **A**chievable (erreichbar), **R**ealistic (realistisch) und **T**ime frame (zeitlich befristet) (vgl. Hammer, 2015).
Nach Johnson et al. (2016, S.199) sind Ziele Äußerungen über spezielle zu erreichende Ergebnisse.

Tab.2 Strategische Zielplanung

Ziel		Zielbeschreibung
1.	In den Jahren 2023/2024 soll das Unternehmen nach der DIN EN 17229, sowie der DIN-Norm 33961 die Zertifizierung „Zert-fit" erhalten, sprich ein zertifiziertes Gesundheitsstudio sein (vgl. BSA-Zert).	Zertifizierte Gesundheitsstudios profitieren von vielen Vorteilen, wie einer bestimmten Auszeichnung von Professionalität sowie Aufwertung des Images etc. Im Hinblick auf die Vision, der beste Gesundheitsanbieter Düsseldorf zu werden ist dies ein Schritt in die richtige Richtung. Hieraus verspreche ich mir eine gewisse zertizierte Qualität an Betreuung etc.
2.	2023/2024 soll der Break-Even-Point erlangt sein.	Der Break-Point ist der Punkt bzw. das Absatzvolumen, bei dem die erzielten Deckungsbeiträge gleich den Fixkosten sind, sodass das Betriebsergebnis an diesem Punkt genau 0 ist (Straub, 2015). Dies ist wichtig, um Gewinn zu erzielen (über den Punkt = Gewinn).
3.	In den Jahren 2023 bis 2024, soll das Unternehmen mindestens drei Kooperationen mit den umliegenden Luxushotels eingegangen sein.	Hotel Breidenbacher Hof, Steigenberger Parkhotel und Hotel Kö59. Mithilfe der Kooperationen kann sich das Hotel unter anderem teilweise einen „Kundenstamm" aufbauen (wenn Gäste regelmäßig einkehren bzw. dauerhafte Betreuung auch online beispielsweise mittels Ernährungsberatung), sowie über Empfehlungsmarketing ein Empfehlungsgeschäft aufbauen. Zudem ist regelmäßige Kundschaft gesichert.
1.	In den Jahren 2023 - 2025 soll zu der physiotherapeutischen Betreuung ein orthopädischer Bereich in Form einer kleinen orthopädischen Praxis integriert werden.	Mit der Integration einer orthopädischen Praxis geht das Unternehmen in Richtung konglomerate Kooperation (Schumann, 2021, S.160). → Wachstumsstrategie, weiterhin wachsen, und Gesundheit gewährleisten.

2.3 Branchenvergleich

Aufgrund dessen, dass sich mein Unternehmen im Premiumfitness-Sektor befindet und dort keine eigene physiotherapeutische Praxis integriert ist, bietet es sich an das Unternehmen mit den drei bekannten und erfolgreichen Premiumfitnessketten, Holmes Place, Fitness First und Evo Fitness, zu vergleichen. Alle drei weisen ein starkes Image auf, sind in Düsseldorf vertreten und sollten im Auge behalten werden. Die folgende Tabelle stellt den Branchenvergleich dar.

Tab. 3 Branchenvergleich (eigene Darstellung)

Konkurrenzunternehmen	Vision	Mission	Grundwerte	Übereinstimmungen	Unterschiede + Schlüsse
Holmes Place, Königsallee 56, 40215 Düsseldorf	„Wir sind der Meinung, dass ein gesunder Lebensstil eine lebenslange Reise ist. Eine Reise, die genussvoll und bereichernd sein sollte. Eine Reise, die durch die Kraft der Gemeinschaft gefördert wird. Eine Reise, auf der Ihre Fortschritte gefeiert werden (Holmes Place 2022, 2022)."	„Unsere Mission ist es, Gesundheit und Fitness zu etwas Angenehmem zu machen. Das geht am besten, wenn man das Erlebnis mit jemandem Besonderen teilt (Holmes Place 2022, 2022)."	Gesundheit Gemeinschaft Betreuung Individualität Wohlbefinden, Reise, Erlebnis	Gesundheit, Gemeinschaft, Betreuung, Individualität Wohlbefinden	Holmes Place ist auf das Gemeinschaftsgefühl ausgelegt, sowie der Fokus der Betreuung. Sie spielen mit der Metapher einer „Reise". Ein WIR Gefühl wird vermittelt, sodass der Kunde das Gefühl hat zu einer Familie zu gehören. Fitness soll etwas Angenehmes sein. ➔ Unterschied: Reise- und Erlebnisgefühl
Fitness First, Derendorfer Allee 6, 40476 Düsseldorf	"We are Fitness Leaders who inspire people to go further in life', das ist unsere Vision "(Stefan Tilk, zitiert von Wirtschaftsforum, o.J.).	„Unser täglicher Antrieb liegt in dem Anspruch, Menschen zu motivieren. Dieser klare Ansatz hat praktische Auswirkungen auf unsere Entscheidungsfindung auf allen Ebenen, unsere Führung und unsere alltägliche Arbeit in den Clubs und unserer Zentrale. Jeder Kontakt zu Gästen und zu Mitarbeitern wird durch diese Mission geleitet. Der Zweck der Existenz von Fitness First lautet: „Wir motivieren Menschen" (Fitnessfirst Germany GmbH 2020)".	Inspiration, Motivation, Entscheidungsfindung, Betreuung (to go further in life)	Betreuung	Fitnessfirst setzt auf Motivation und Betreuung. Der Client soll das Gefühl haben weiterzukommen und auf seinen Weg nicht allein zu sein. Vermutlich soll der Kunde langfristig motiviert werden, sodass dem Kunden die Hürde, anzufangen (z.B. aus Angst zu versagen oder die Motivation zu verlieren) genommen wird. ➔ Unterschied: Die Motivation steht hier mehr im Vordergrund.
EVO Fitness Düsseldorf le flair, Marc-Chagall-Straße 2, 40477 Düsseldorf	„DEINE FITNESS, DEINE ZEIT, DEIN ORT. Du bist entschlossen. Du kommst, um zu trainieren. Deine Zeit ist wertvoll. Du willst deinen eigenen Raum – deinen Zufluchtsort. Du hast deine eigenen Erwartungen und Bedingungen. Du willst das Beste und lässt dich auf keine Kompromisse ein. Deswegen wählst du EVO, Fitness EVOlved. hier ist der Ort, an dem du stärker wirst (EVO Fitness, 2022)."	„EVO ist mehr als einfach nur ein Fitnesscenter. Bei EVO steht die natürliche, menschliche Bewegung im Mittelpunkt – EVO gibt dir den Raum, in dem du für deinen Alltag stärker wirst (EVO Fitness, 2022)."	Individualität, Einzigartigkeit, Natürlichkeit, Stärke, Bewegung	Individualität, Einzigartigkeit, Bewegung	EVO Fitness arbeitet viel mit Metaphern und gibt dem Interessenten das Gefühl, genau zu wissen was er/sie braucht. Zudem entsteht beim Klienten beim Durchlesen ein Bild im Kopf. Der Fokus liegt hier auf die Einzigartigkeit des Kunden sowie dem genauen Wissen, wie man ihn stärker machen kann. Der Sport und die Bewegung stehen im Mittelpunkt. ➔ Unterschied: Raum/Ort, an dem man für seinen Alltag stärker gemacht wird.

3 Phase der strategischen Analyse und Prognose

3.1 Branchenstrukturanalyse

Im Folgenden wird eine Branchenstrukturanalyse für das exemplarische Gesundheitsstudio nach dem Five Forces-Modell nach Porter durchgeführt. Das Five Forces-Modell ist nach Johnson et al. (2016) ein Instrument zur Evaluation der Attraktivität einer Branche bzw. eines Industriesektors auf der Grundlage von Wettbewerbskräften. Zu den fünf Wettbewerbskräften zählen: Verhandlungsstärke der Lieferanten, Rivalität innerhalb der Branche, Bedrohung durch neue Anbieter, Verhandlungsstärke der Abnehmer und Bedrohung durch Ersatzprodukte (Porter 1999, S.34, zitiert nach Tomczak, Kuß & Reinecke, 2014).

Tab. 4: Five Forces-Modell angewandt auf das zu expandierende Gesundheitsstudio

Mitbewerber	Es gibt viele Mitbewerber. Nach eGym 2022 gibt es in Düsseldorf und Umgebung über 150 Fitnessstudios wie Fitness First, Holmes Place, EVO Fitness etc. Dies kann grundsätzlich zu einem hohen Druck führen, da bei einer großen Anzahl von Wettbewerbern die Konkurrenz versucht, ihre Position durch z.B. aggressives Marktverhalten zu verbessern (Tomczak et al.). Zudem können große Kostenunterschiede dazu führen, dass Unternehmen mit geringen Kosten Konkurrenten mit deutlich höheren Kosten zum Marktaustritt zwingen (Tomczak et al.). Grundsätzlich ist der Druck, der von den Mitbewerbern ausgeht, hoch. Durch das facettenreiche Angebot und die Verbindung von Fitness und Physiotherapie in einem gehobenen Ambiente, wo Sport jederzeit mit einem Personal Trainer ausgeübt werden kann, sowie einer Kryotherapie hebt sich das Studio von klassischen Fitnessstudios in der Umgebung, wie u.a. Holmes Place, ab. Aufgrund dessen, dass die angebotenen gesundheitlichen Leistungen, wie beispielsweise Teile der Physiotherapie, Kryotherapie, medizinische Ernährungsberatung nur „Ausschnitte" der breiten Produktpalette sind sowie die Einordnung des Gesundheitsstudios in den Fitnesspremiumsektor stellen umliegende physiotherapeutische Praxen keine direkten Mitbewerber dar. Die Zielgruppe bei den gesundheitlichen Leistungen sind Privatversicherte, die zu der Kategorie Selbstzahler zählen (KVpro.de GmbH, 2022). Daraus resultiert für das Gesundheitsstudio ein mittlerer Druck, der vom Mitbewerber ausgeht.
Potenzielle Mitbewerber	Der erwartete Branchenumsatz von Fitnesszentren in Deutschland, der aktuell (2022) bei circa 2056,46 Millionen Euro Umsatz liegt, soll im Jahr 2025 auf 3597,23 Millionen Euro Umsatz steigen (Statista 2022). Daraus resultiert, dass neue Mitbewerber sehr wahrscheinlich sind. Im Hinblick auf den immer attraktiveren Stellenwert von Fitness befinden wir uns in einem Wertewandel (Bergmann, o.J.). Unter Berücksichtigung des demographischen Wandels ist derzeit jede zweite Person in Deutschland älter als 45 Jahre und jede fünfte Person älter als 66 Jahre (Destatis 2022). Daraus folgt, dass der Erhalt von Beweglichkeit, Gesundheitsförderung, Prävention- sowie Rehabilitation von Krankheiten, die das Alter mit sich bringt, immer notwendiger werden. Fitness und Sport spielen in all diesen Bereichen eine entscheidende Rolle. Aus diesen Erkenntnissen resultiert aktuell eine mittlere Markteintrittsbarriere, die in Zukunft steigen könnte. Im Hinblick auf den Standort Düsseldorf bezogen, belegt diese im Vergleich mit 19 weiteren Großstädten den 12. Platz und was das Sportparadies angeht, als Durchschnitt, teilweise schlechter, eingestuft (Hansefit GmbH & Co K.G., 2021).
Lieferanten	Es gibt hier viele Fitnessgerätehersteller, Supplementhersteller etc. Je nachdem, welche Marke man in seinem Studio etablieren möchte (z.B. aufgrund des Images der Marke, von dem viele Interessenten bereits Vertrauen gefasst haben), können, je stärker der Anbieter ist, hier auch höhere Preise durchgesetzt werden (vgl. Tomczak et al.). Starke Marken, wie z.B. e-gym, verfügen über mehr Freiräume, was die wirtschaftliche Gestaltung ihres Produktions- und Verkaufssystems angeht (Tomczak et al.). Durch die aktuelle wirtschaftliche Lage (Inflation), die dadurch steigenden Kosten sowie den daraus resultierenden Lieferengpässen können die Preise weiterhin steigen (vgl. Clement, 2022), was je nach Entwicklung sehr ausschlaggebend für den Gesundheitsmarkt werden kann. Aktuell kann man dies einer mittleren Abhängigkeit zuordnen, da es genügend Fitnessgerätehersteller gibt.
Verhandlungsstärke der Abnehmer	Die Abnehmer, speziell auf der Kö, sind größtenteils bereit, hohe Preise zu zahlen. Dies resultiert unter anderem aus den umliegenden Royal Hotels, wo die Preise je nach Saison z.B. im KÖ59 Hotel im Mai für eine Nacht am Wochenende für ein Classic Zimmer pro Nacht bei 424,15 € liegen (vgl. 5HALLS HOMMAGE HOTELS GmbH, 2022). Da das Gesundheitsstudio nicht nur von Düsseldorf überdurchschnittlicher Kaufkraft (118,2) (Landeshauptstadt Düsseldorf, 2022), sondern auch von den Reisenden und Geschäftsleuten der Kö profitiert, kann hier von einer hohen Verhandlungsstärke der Abnehmer ausgegangen werden.
Ersatzprodukte	Ersatzprodukte müssen nach Tomczak et al. nicht aus der eigenen Branche kommen. So stellen die Fitness-Online-Plattformen sowie der VAHA Fitness-Spiegel, bei dem man über Zoom mit einem Personal Trainer trainieren kann (vgl. etone Motion Analysis GmbH, 2022), aber auch alle gesundheitlichen Einrichtungen wie physiotherapeutische Praxen, Fitnessfood-Shops, Apotheken etc. hier eine Konkurrenz für das Gesundheitsstudio dar. Ersatzprodukte sind somit als eine hohe Bedrohung für das Gesundheitsstudio anzusehen.

3.2 SWOT - Analyse

Im Folgenden führe ich für das zu expandierende Gesundheitsstudio eine SWOT-Analyse durch, dessen Erkenntnisse in Form von mindestens zwei konkreten und plausiblen Strategien aus der SWOT Matrix abgeleitet werden. Die Analyse des externen Umfelds (Chancen und Risiken) ist für ein erfolgreiches Unternehmen sehr bedeutsam, da mithilfe dieses Marketingtools die wichtigsten makro- und mikroökonomischen Faktoren überwacht werden, welche die Profitfähigkeit des Unternehmens beeinflussen (Kotler, Keller & Opresnik, 2015).

Tab. 5: Externe Umfeldanalyse der Chancen und Risiken nach Ablauf von Kotler et al.

Chancen (Opportunities)	Risiken (Threats)
- 1. Demographischer Wandel Unter Berücksichtigung des demographischen Wandels, ist derzeit jede zweite Person in Deutschland älter als 45 Jahre und jede fünfte Person älter als 66 Jahre (Destatis 2022), was die Schlussfolgerung mit sich bringt, dass Erhalt von Beweglichkeit, Gesundheitsförderung, Prävention- sowie Rehabilitation von Krankheiten, die das Alter mit sich bringt, eine immer größere Rolle spielen werden, wo Fitness und Sport wichtige Instrumente sein werden (vgl. Aufg. 3.1).	- 1. Konjunktur (Inflation) Die Inflationsrate stieg von 5,1% auf 7,3% im März 2022 an, wozu größtenteils die steigenden Energiekosten und Nahrungsmittelkosten beitrugen (Bundesministerium für Wirtschaft und Klimaschutz 2022). Für das Jahr 2023 wird +2,8% der Inflationsrate prognostiziert. Die deutsche Wirtschaft kann in eine gravierende Regression fallen, zudem das Bruttoinlandsprodukt um 2,2% zurückgehen soll (Bundesministerium für Wirtschaft und Klimaschutz).
- 2. Digitalisierung/Technologischer Fortschritt Zu den größten Vorteilen für Unternehmen durch die Digitalisierung zählen unter anderem die Automatisierung bzw. Vereinfachung von geschäftlichen Prozessen, die Möglichkeit, das eigene Angebot digital zu erweitern (z.B. der Verkauf von Online-Mitgliedschaften), eine effektivere Vermarktung z.B. durch Werbung und Social Media, schneller Wissenstransfer mithilfe des Einbaus von Tools und Lösungen für eine erfolgreiche Zusammenarbeit sowie letztendlich weitere Möglichkeiten, die sich durch andere digitale Anbieter ergeben (Slack Technologies, 2022).	- 2. Ukraine-Krieg Die durch das Abklingen der Pandemie prognostizierte starke Konjunkturerholung wurde durch den Ausbruch des Ukraine-Krieges vorerst gehemmt (Bundesministerium für Wirtschaft und Klimaschutz). → „Ukraine Krieg birgt substanzielle Risiken für deutsche Konjunktur (Handelsblatt GmbH, 2022)". Nahrungs- und Energiepreise können vorerst nochmal steigen, da Deutschland größtenteils sein Gas aus Russland bezieht und hier ein hohes Risiko für die Preisniveauentwicklung besteht (Bundesministerium für Wirtschaft und Klimaschutz).
- 3. Wertewandel Im Hinblick auf den immer attraktiveren Stellenwert von Fitness befinden wir uns in einem Wertewandel (Bergmann, o.J.) (vgl. Aufg. 3.1). Die Wertzuschreibungen von Flexibilität, eigenverantwortlichem Handeln, der Work-Life-Balance sowie Selbstverwirklichung haben in Vergleich zu früher drastisch zugenommen (Roth Institut, 2022).	- 3. Corona Eine erneute Zunahme der Pandemie könnte die Wirtschaft, den gesellschaftlichen Zusammenhalt sowie die Demokratie erheblich schwächen (Messner, D., 2020). Die Gefährdung des Klimaschutzes, aufgrund des Fokusses der Pandemie, zieht Messner ebenfalls in Betracht, was gravierende Folgen für das 21. Jahrhundert mit sich bringen würde.

Um einen Nutzen aus den sich aus der Umwelt ergebenden Chancen zu ziehen, ist es nach Kotler et al. von großer Bedeutung, eine Bewertung der internen Stärken und Schwächen vorzunehmen. Dies erfolgt mithilfe einer internen Umfeldanalyse.

Tab. 6: Interne Umfeldanalyse der Stärken und Schwächen nach Ablauf von Kotler et al.

Stärken (Strength)	Schwächen (Weaknesses)
- 1. Qualifikation der Mitarbeiter Zum Unternehmen gehören unter anderem: Diplom Fitnesstrainer, Physiotherapeuten, Ernährungsmediziner/-berater, Masseure, kryotherapeutische Fachangestellte, Personal Trainer etc.) (vgl. Aufgabe 1.2).	- 1. Image bzw. Bekanntheit Nach dem Imagemodell hängt die positive Bewertung eines Objektes von den Emotionen, der Markenbekanntheit, den Motiven der, Kaufabsicht und Präferenz ab, die das Image ergeben (Bhagwati, M., o.J.). Aufgrund dessen, dass sich das betrachtete Unternehmen in der Entwicklung befindet und noch nicht existiert, muss hier nach der Neueröffnung unterstützend durch Werbestrategien ein Image und somit auch Bekanntheit der Marke entstehen.
- 2. Standort und verkehrstechnische Anbindung Düsseldorf, Kö-Galerie (hohe Kaufkraft, viele kaufkraftstarke Besucher durch umliegende Luxushotels) Zu Fuß: 15 min vom Hauptbahnhof entfernt (ECE Marketplaces GmbH & Co KG, 2022); Mit öffentlichen Verkehrsmitteln: U-Bahn: U70, U76, U78, U79 Haltestelle: Steinstraße/Königsallee Straßenbahn/Bus: 706, 715, 780, 782, 785 Haltestelle: Steinstraße/Berliner Allee (ECE Marketplaces GmbH & Co. KG, 2022)." Optional: Taxi-Standplatz direkt vor der Königsallee ECE Marketplaces GmbH & Co. KG)	- 2. Kundenstamm Der Kundenstamm muss erst aufgebaut werden. Das Unternehmen befindet sich in der Neugründung.
- 3. Produktqualität und Ausstattung Das Gesundheitsstudio ist in einem luxuriösen Ambiente und verfügt über einen Cardio- und funktionalen Trainingsbereich, einen Kraftbereich mit hochwertigem e-Gym Geräten, eine Wellnessoase (Sauna, Whirlpool, Bar, Massagebereich) und eine Kryotherapie-Kammer. Zudem ist ein Personal Training Standard und alle Dienstleistungen werden ausschließlich von Fachpersonal durchgeführt (vgl. Aufg. 1.2).	- 3. Social Media Reichweite Die sozialen Netzwerke müssen neu gegründet werden. Hier muss viel Energie, Geduld und Zeit investiert werden, um diese langsam mit einer guten lokalen Reichweite aufzubauen.

Als Präsentationselement nach Straub (2015) folgt die Zusammenführung der internen und externen Analyse in Form einer SWOT Matrix.

Tab. 7: SWOT Matrix nach dem Ablauf von Straub

	Stärken (Strength) (S)	Schwächen (Weaknesses) (W)
Chancen (Opportunities) (O)	S (1) - O (2) Strategie: Die Unternehmensstärke der qualitativen Mitarbeiter wird für die Chance, die sich aus dem demographischen Wandel ergibt, genutzt. Dies bedeutet unter anderem auch physiotherapeutische Betreuung von älteren Menschen mit gesundheitlichen Problemen sowie die Prävention von gesundheitlichen Risiken, die das Alter mit sich bringen kann, durch geschultes Fachpersonal (z.B. durch Personal Training, Ernährungsberatung bei erhöhten Cholesterinwerten = Steigerung des Herzinfarktrisikos etc.). S (2) - O (3) Strategie: Die Nutzung des technischen Fortschrittes kommt der Produktqualität und Ausstattung des Unternehmens zugute, sodass eine eigene App konfiguriert wird, die z.B. die Ernährungsberatung über Zoom von zu Hause ermöglicht, sowie die Integration eines Online-Shop, indem z.B. ein Tagesticket mit Terminbuchung erworben werden kann.	O (2) – W (2) Strategie: Durch die Digitalisierung und den technologischen Fortschritt kann das Unternehmen seine Bekanntheit und sein Image mithilfe technischer Mittel schnell ankurbeln und aufwerten, z.B. durch Werbeanzeigen im Internet und raffiniertes Suchmaschinen-Marketing. O (1) – W (1) Strategie: Im Hinblick auf den demographischen Wandel und den Fokus, dass die Interessenten (Zielgruppe) älter sind, ist anzunehmen, dass weniger ältere Menschen im Internet aktiv sind und somit der Ausbau der sozialen Netzwerke nicht vernachlässigt werden sollte. Dennoch ist der Zeitdruck hier nicht so hoch, sodass dieses Projekt mit Ruhe, Geduld und qualitativ hochwertigem Content, der Zeit benötigt, angegangen werden kann.
Risiken (Threats) (T)	S (2) – T (1) Strategie: Aufgrund des gewählten Standortes und der dort vorhandenen hohen Kaufkraft kann das Gesundheitsstudio die Gefahren, die von der Konjunktur ausgehen, abmildern. Ein Ziel des Unternehmens ist es, Kooperationen mit den umliegenden Luxushotels einzugehen, sodass man hier voneinander profitieren kann und ein Empfehlungsgeschäft aufgebaut werden kann. S (1) – T (3) Strategie: Unter Berücksichtigung des wirtschaftlichen Aspektes, den ein erneuter Lockdown in Folge der Corona-Pandemie mit sich bringen würde, könnte ein Teil des Gesundheitsstudios, wie die Ernährungsberatung durch die qualifizierten Ernährungsmediziner sowie die physiotherapeutischen Anwendungen unter den zu erfüllenden Auflagen weiterhin angeboten werden und somit die für das Unternehmen zu tragende wirtschaftliche Last gemildert werden.	W (1) – T (2) Strategie: Indem man durch gezielte Werbemaßnahmen das Image und die Bekanntheit aufzuwertet, können das Risiko der Konjunktur und die daraus resultierenden wirtschaftlichen Folgen für das Gesundheitsstudio gemindert werden. W (3) – T (3) Strategie: Durch den Ausbau der sozialen Netzwerke und der Generierung einer neuen jüngeren Zielgruppe kann man einem erneuten Lockdown bzw. strengeren Auflagen etwas entgegenwirken, da man auf Plattformen wie Instagram Updates zur aktuellen Situation erfolgen können (z.B.: der physiotherapeutische Bereich ist weiterhin geöffnet und die Ernährungsberatung findet online statt) sowie Content und Werbung für Alternativen geschaltet werden.

3.3 Zielplanung

Im Folgenden beurteile ich die realistische Zielplanung meiner vier Unternehmensziele, die sich in Aufgabe 2.2 wiederfinden.

Hier lasse ich die Bewertungskriterien nach Müller-Stewens & Lechner (2011, 322 ff.) einfließen: Angemessenheit, Zielerreichung, Durchführbarkeit und Konsistenz. In einem weiteren Schritt orientiere ich mich an den Fragen von Venzin, Rasner & Mahnke 82010, 133 f.) zur Testung der Tauglichkeit der formulierten Unternehmensziele: 1. Konzentrierte Einsetzung der Unternehmenskräfte, 2. Strategischer Aufbau auf unternehmerische Stärken, 3. Einbeziehung innovativer Komponenten, 4. Ausnutzung von Synergiepotenzialen, 5. Angemessenes eingegangenes Risiko, 6. Klarer, sowie einfacher Aufbau.
Zur Beantwortung der Fragen nutze ich eine Skala von 1-5 (1 = eher nichtzutreffend – 5 = vollständig zutreffend), wo die Möglichkeit der Einschätzung im 360° Verfahren besteht (Schumann, 2021, S. 184). Die Frage der konzentrierten Einsetzung der Unternehmenskräfte wird bei der Bewertung außen vorgelassen, da hierzu im Rahmen der Einsendeaufgabe keine Aussage zu getroffen werden kann.

Tab. 8 Bewertung der Zielplanung nach Müller-Stewens & Lechner, 2011, 322ff. und Venzin, Rasner & Mahnke, 2010, 133f.

Bewertungskriterien:	Zertifizierung „Zert-fit"	Erlangung des Break-Even-Points	Aufbau von mind. 3 Kooperationen mit umliegenden Luxushotels	Inkludierung einer orthopädischen Praxis
Angemessenheit	- Ist der zukünftigen Situation angemessen - Wird den Möglichkeiten des Unternehmens gerecht (qualifizierte Mitarbeiter, Anbieten von Qualität)	- Ist der zukünftigen Situation angemessen - Wird den Möglichkeiten des Unternehmens gerecht (hohe Kaufkraft der Interessenten vor Ort)	- Ist der zukünftigen Situation angemessen - Wird den Möglichkeiten des Unternehmens gerecht (SMARTES Ziel)	- Ist der zukünftigen Situation angemessen - Wird den Möglichkeiten des Unternehmens gerecht (Gute Orthopäden sind immer gefragt)
Zielerreichung	- Ausmaß der Zielerreichung ist angemessen - Unternehmen kann sich mit den zu erfüllenden Kriterien für „Zert-fit" auseinandersetzen, die Erfüllung überprüfen, sowie nachjustieren	- Ausmaß der Zielerreichung ist angemessen - Erreichung durch gutes Marketing, sowie den Aufbau eines Kundenstamms, sowie regelmäßige Besucher durch Kooperationen mit umliegenden Luxushotels	- Ausmaß der Zielerreichung ist angemessen - Erreichung durch gute Netzwerke, Verhandlungsgeschick, sowie optimaler Vermarktung der Idee an den Kooperations-partner, indem die Profite des Hotels vom Unternehmen aufgeführt werden,	- Ausmaß der Zielerreichung ist angemessen - Einen Orthopäden zu finden, wird nicht problematisch sein (Orthopäde hat den Vorteil, Klienten gleich im Gesundheitsstudio betreuen zu lassen) [Fokus liegt hier, basierend auf Netzwerken einen „Chefarzt"-/"Star" - Orthopäde zu finden, der mithilfe der optimalen Vermarktung der Idee, einem guten Konzept, von der Zusammenarbeit überzeugt wird
Durchführbarkeit	- Notwendige Ressourcen vorhanden (Personal, Ambiente, qualifizierte Fachkräfte etc.)	- Notwendige Ressourcen vorhanden (gutes, gängiges Konzept)	- Notwendige Ressourcen vorhanden (Ausreichend Hotels in der Umgebung vorhanden)	- Notwendige Ressourcen vorhanden - Kö-Galerie hat grundsätzlich eine Verkaufsfläche von 20.000 m² (vgl. ECE Marketplaces GmbH)
Konsistenz	- Passt zur Mission und Vision und zu den weiteren Zielplanungen	- Passt zur Mission und Vision und zu den weiteren Zielplanungen	- Passt zur Mission und Vision und zu den weiteren Zielplanungen	- Passt zur Mission und Vision und zu den weiteren Zielplanungen
Fragen zur Testung der Tauglichkeit:				
Klarer, sowie einfacher Aufbau?	- 5	- 5	- 5	- 5
Strategischer Aufbau auf unternehmerische Stärken?	- 5	- 5	- 5	- 5
innovativer Komponenten?	- 3	- 4	- 5	- 4
Ausnutzung von Synergiepotenzialen?	- 5	- 5	- 5	- 5
Angemessenes eingegangenes Risiko?	- 5	- 5	- 5	- 5

Auf Basis der Bewertung (Tab.8), ist die Zielplanung realistisch.

4 Phase der Strategieformulierung

4.1 Strategieformulierung

Im Folgenden formuliere ich für den betrachteten Unternehmenstyp eine Strategieformulierung auf Unternehmens- und Geschäftsebene durch. Bei der Unternehmensebene halte ich mich an die Produkt-Markt-Strategien, die Wachstumsstrategien, nach der Vier-Felder-Matrix von Ansoff (Schumann, 2021, S. 154 ff.)

Damit das Unternehmen weiterwächst, geht es in die vertikale Diversifikation, was bedeutet, dass die Wertschöpfungskette erweitert wird (Schumann, S. 157). Um einen Arzt mit aufzunehmen, muss das Gesundheitsstudio eine konglomerate Kooperation eingehen.

Das Gesundheitsstudio soll im Zeitraum von 2023 bis 2025 eine orthopädische Praxis inkludieren (vgl. Aufg. 2.2 Zielplanung Nr.4) (medizinische Dienstleistung - Gesundheitsbranche) (konglomerate Kooperation).

Da das Unternehmen Ernährungsberatung mit anbietet, soll es in den Jahren 2023 bis 2025 zudem noch mit einem kleinen Supplement-Shop, der wichtige Vitamine und Mineralien sowie hochwertiges Proteinpulver verkauft, ausgestattet werden, um die Klienten vor Ort zu unterstützen (Produktverkauf – Sportnahrung und Supplements - erweitert die Wertschöpfungskette – vertikale Diversifikation).

Erweist sich die Diversifikation als erfolgreich, soll in den Jahren 2025/2026 eine Sport-Boutique mit Designer-Sportkleidung dazukommen, die sich am Standort der Kö-Galerie mit vielen Mode- und Beautygeschäften orientiert (Produktverkauf/Dienstleistung–Modebranche vertikale Diversifikation).

Als Wettbewerbsstrategie nach Venzin et al. (2010, S. 162) orientiere ich mich an der Nischenstrategie und verfolge dort bezugnehmend auf meine Mission und Vision (Qualitätsführer) die Differenzierungsstrategie (Welge & Al-Laham, 2012, S. 213).

Die Strategie ist die Konzentration auf eine Zielgruppe mit einer hohen Kaufkraft. Im physiotherapeutischen und ernährungsmedizinischen Bereich liegt hier der Fokus auf Privatversicherte (Selbstzahler). In Form von konglomeraten Kooperationen mit mindestens drei der umliegenden Designerhotels liegt hier der Fokus zudem noch auf den Besuchern dieser Hotels, was einer Nische entspricht.

Aufgrund des hochwertigen vielseitigen Angebots des Gesundheitsstudios mit qualifiziertem Personal und Verkauf von Qualität nutzt das Unternehmen in der Nische die Differenzierungsstrategie, um sich mit diesen Stärken einzigartig zu machen

4.2 Blue Ocean Strategie

Die Blue Ocean Strategie meines Unternehmens hat das Ziel, einen neuen, noch nicht besetzten Markt zu schaffen (vgl. Charakteristika Blue Ocean Strategie, Kim &

Mauborgne, 2015, S.18). Dies schafft das Gesundheitsstudio, indem es als Wettbewerbsstrategie eine Nischenstrategie mit Differenzierungsansatz wählt. Der Fokus liegt auf einer kleineren Zielgruppe, Menschen mit einer hohen Kaufkraft, denen ihre Gesundheit viel wert ist. Aufgrund der Zusammenarbeit mit Designerhotels greift das Gesundheitsstudio auf einen weiteren Markt, die Reisebranche, zu.

Das Gesundheitsstudio soll weg von den ganzen Bindungen. In vielen Fitnessstudios (Orientierung an bekannten Ketten wie die clever fit GmbH, 2022, Premiumfitnessstudio), hat man häufig nur die Möglichkeit, sich preiswert langfristig zu binden. Man bezahlt für Leistungen, die man nicht nutzt, was in dem Gesundheitsstudio anders ist. Das Konzept ähnelt einem Supermarkt, durch den man mit einem Einkaufswagen geht. Anstelle von Produkten werden Dienstleistungen in den „Warenkorb" gelegt, die man am Ende des Besuches bezahlt. Da der Kunde nicht mit einem Warenkorb durch das Studio gehen soll, bekommt er ein Armband, auf das er selbst oder ein Mitarbeiter vor jeder Nutzung einmal die Leistung scannt. Die Konkurrenz spielt keine Rolle, da das Gesundheitsstudio ein Konzept hat, das in der unmittelbaren Umgebung einzigartig ist. Neben Personal Training, Ernährungsberatung, Physiotherapie und Kryotherapie kann man als Besucher der Kö-Galerie ebenso für einen Besuch im Wellnessbereich oder auf einen „Healthy Drink" in der Bar vorbeischauen. Dadurch, dass alle Bereiche gut voneinander abgetrennt sind, ist dies zu verwirklichen. Für alle, die lieber zu Hause bleiben bzw. für alle Unternehmer auf Geschäftsreise, gibt es noch die eigene App. Dort kann man ganz einfach über Zoom eine Ernährungsberatung wahrnehmen oder nach einem langen Geschäftsmeeting ohne viele Hilfsmittel einen Kurs buchen, den man im Büro, Hotelzimmer oder Wohnzimmer absolvieren kann. Hier kann zwischen Hilfsmitteln wie einer Faszienrolle und Yogamatte und leichten Gewichten wählen oder auf Hilfsmittel verzichten. Nach Kim & Mauborgne (S. 18) ist die Nachahmung schwierig sowie die Konkurrenz unwichtig, da man nicht an die Einwohner von Düsseldorf gebunden ist. Die Mitarbeiter des Gesundheitsstudios sind hochprofessionell, der Dresscode ist besonders, wodurch man an das Klientel angepasst ist. Die Mitarbeiter spiegeln Vision und Mission des Unternehmens wider und leben diese vor. Sie machen einen professionell guten Job, liefern Qualität ab und gehen auf alle Bedürfnisse ein, wodurch die Nachfrage steigt. Es muss nicht am Personal gespart werden, da der Kompromiss zwischen Kosten und Kundennutzen wegfällt (vgl. Charakteristika Kim & Mauborgne, S. 18). Die Kunden sind bereit, den Preis zu zahlen, es ist schon ein „Düsseldorfer Trend" unter den „Reichen und Schönen", in dem Gesundheitsstudio in der Kö-Galerie zu trainieren. Durch die Integration der orthopädischen Praxis rückt der gesundheitliche Aspekt noch einmal mehr in den Vordergrund und man kann voneinander profitieren. Das Unternehmen ist offen, innovativ und passt sich den Bedürfnissen an, sodass in Zukunft, je nach Trendentwicklung und Erfolg des Unternehmens, ein Kosmetikstudio für Beauty Behandlungen geplant werden kann. Auch kann man mithilfe hochwertigen Bluttests, die aufzeigen, zu welchem Stoffwechseltyp der Klient gehört, einen neuen Ernährungsplan erstellen. Im Anschluss kann man die Produkte zur Unterstützung im hauseigenen Supplement-Shop erwerben sowie die neuste Sport-Designermode in der kleinen integrierten Boutique anprobieren. Die Unternehmensaktivitäten sind nach Kim & Mauborgne (S.18) zukünftig, nachdem 2024 der Break-even-Point überwunden wurde, an der Entscheidung für geringe Kosten und Differenzierung ausgerichtet.

5   Personalmanagement

5.1 Führungsverhalten

Grundsätzlich bevorzuge ich den situativem Leadership Style, was bedeutet, dass die Leadership-Styles situationsabhängig angewendet werden (Schumann, 2021, S. 326). Wir arbeiten mit Menschen. Und jeder Mensch ist anders und kann nicht immer gleich geführt werden.

Zuerst sollte die Vision und Mission von jedem Mitarbeiter verstanden und gelebt werden. Eine gute Führungskraft sollte dies auch selbst vorleben. Sie sollte zudem eine gewisse Autorität mitbringen, sich durchsetzen können und von den Mitarbeitern als Führungskraft angenommen werden. Es ist wichtig, dass die Mitarbeiter motiviert und mit Freude bei der Arbeit sind. Die Basis dafür bildet der visionäre Leadership-Style (vgl. Schumann).

Ebenso erwarte ich von meiner Führungskraft, dass sie ihre Mitarbeiter bei Entscheidungen mit mehr Spielraum mit einbindet. Gerade, wenn sie beispielsweise auf die Mithilfe der Mitarbeiter angewiesen ist, z.B. bei der Planung eines Sommerfestes, sollte sie das ganze Team mit einbinden. Letztendlich repräsentiert ein Sommerfest das ganze Unternehmen und Team! Harmonie, Wertschätzung und Vertrauen, gehören ebenfalls zu einem positiven Arbeitsklima, was den affiliativen Stil nach Schumann, beschreibt. Die Mitarbeiter sollen sich wohlfühlen und gute Leistungen sollen mit Wertschätzung auch belohnt werden.

Des Weiteren erwarte ich bei Unsicherheiten, dass die Führungskraft nicht einfach auf gut Glück Dinge beschließt, sondern kompetente Mitarbeiter zu Rate zieht. Gerade wenn es um Entscheidungen in einem speziellen Fachbereich geht, kann man Kräfte aus dem Fachbereich mit einbinden, was dem partizipativen Leadership-Style zuzuordnen ist (vgl. Schumann).

Manchmal müssen innerhalb von kleinen Zeitfenstern schnelle Entscheidungen getroffen werden, hier erwarte ich von meiner Führungskraft, dann klare Anweisungen zu geben und den Weg somit vorzugeben, was den direktiven Leadership-Style nach Schumann ausmacht.

Da das Team des Gesundheitsstudios größer ist und eine bunte Mischung aus „Alt & Jung" widerspiegeln soll, gibt es den ein oder anderen, der noch nicht über eine gewisse Fachexpertise verfügt. Hier erwarte ich von der Führungskraft, dass sie sich die Zeit für den Mitarbeiter nimmt (gerade frisch ausgebildete Fitnessökonomen) und ihn individuell fördert, was der coachende Leadership-Stil ist (Schumann).

Letztendlich ist das Gesundheitsstudio immer noch ein betriebswirtschaftliches Unternehmen, wo am Ende des Monats die Ziele erreicht und die Zahlen stimmen sollten. Das Team, das nur aus kompetenten Mitarbeitern besteht und hochmotiviert ist und dies auch bleiben soll, sollte auch regelmäßig von der Führungskraft „gepusht" werden. Hier erwarte ich von der Führungskraft als Vorbild voranzugehen. Er/Sie soll den Mitarbeitern aufzeigen, dass es möglich ist und darf dann auch mal sagen: „Und jetzt bist Du dran, bitte umgehend umsetzen". Dies entspricht den Pascetting Leadership-Style

(Schumann). Aber auch hier ist es wichtig den Charakter des Mitarbeiters mit einfließen zu lassen.

Der/Die Führungskraft sollte auf Basis des erwartenden Führungsverhalten folgende Charaktereigenschaften aufweisen:

Tab.9 Charakteristika/Persönlichkeitsmerkmale der einzustellenden Führungskraft (vgl. Schumann, S. 226-227)

Charakter/Persön-lichkeitsmerkmale	Begründung
Empathie	Die Führungskraft braucht eine gewisse Empathie und Menschenkenntnis, um mit den Mitarbeitern sorgfältig und auch situativ richtig umzugehen.
Selbstbewusst/Dominant/Durchsetzungsvermögen	Die Führungskraft sollte über ein gewisses Selbstbewusstsein sowie eine gesunde Dominanz verfügen und sich durchsetzen können.
Hilfsbereit	Die Führungskraft sollte seine Mitarbeiter auch fördern und unterstützen wollen und können
Zielstrebig	Er/Sie sollte die Unternehmensziele anstreben und umsetzen (wirtschaftlicher Faktor), sowie sich auch weiterentwickeln wollen.
Integrität	Die Führungskraft sollte für das stehen, woran sie glaubt und dies vorleben,. Er/Sie soll die Mitarbeiter inspirieren.
Leidenschaft	Er/Sie soll die Mitarbeiter mit seiner/ihrer Leidenschaft anstecken, motivieren und inspirieren.
Kommunikationsstark	Er/Sie muss die Aufgaben klar kommunizieren können, sodass keine Missverständnisse entstehen. Die Kommunikation sollte immer positiv und aufrichtig sein.
Delegation	Die Führungskraft kann nicht alles allein machen, sie muss gezielt Aufgaben auch delegieren können.
Lösungsorientiert	Es sollten keine „Probleme", sondern „Lösungen" geben.
Gewissenhaft	Die Führungskraft sollte verlässlich, diszipliniert und auch pünktlich sein
Offenheit	Er/Sie sollte zudem offen für neues sein, sodass er/sie spontan auch Wege, die nicht funktionieren ändert.
Professionell	Die Führungskraft muss über ein professionelles Verhalten und Auftreten verfügen.
Belastbarkeit	Es ist wichtig, dass die Führungskraft belastbar ist.
Analytisches Denkvermögen	Mit diesem Persönlichkeitsmerkmal sichere ich die erwartende geistige Anforderung, die der Beruf mit sich bringt.
Selbstständigkeit	Die Führungskraft sollte selbstständig handeln und die anstehenden Aufgaben sehen.
Teamfähigkeit	Um ein Team zu führen, sollte er/sie auch bereit sei,n in einem Team zu sein (Er/Sie ist das „oberste Teammitglied")

5.2 Recruiting

Um die Auswahl vorab zu selektieren, empfiehlt sich nach Wöhe & Döhring (2010, S. 136) die Analyse der Bewerbungsunterlagen. Hier sollte der Fokus auf den Abgleich des Anforderungsprofils liegen (Wöhe & Döhring).

Grundsätzlich bietet sich auch an, einmal die sozialen Netzwerke der Bewerber unter die Lupe zu nehmen, um zu sehen, wie sie sich darstellen. Dies kann schon ausschlaggebend dafür sein, warum man nicht zueinander passt. Sollte hier alles in Ordnung sein, orientiere ich mich im nächsten Schritt an dem erfolgreichen Unternehmen Lidl. Diese gehen nach eigener Erfahrung bei der Suche nach Führungskräften (Erfahrung basiert auf der Bewerbung zum Regionalverkaufsleiter im Jahr 2021) nach erfolgreicher Sichtung der Bewerbungsunterlagen in einem weiteren Schritt zu einem Online-Assessment über. Dieses ist ähnlich wie ein Intelligenztest aufgebaut, bei dem die Bereiche Logik, abstraktes Denken, Konzentrationsfähigkeit (Postkorbübung, um die Belastbarkeit unter Stress zu überprüfen) und die Persönlichkeit abgefragt werden. Hier geht es vorwiegend darum, die Selektion und eine gewisse Grundintelligenz sicherzustellen sowie die zu erwartenden Eigenschaften zu überprüfen.

Auf ein Videointerview würde ich verzichten und direkt ins Telefoninterview überge-
hen, um einen ersten Eindruck von der Führungskraft zu erhalten. Ist dieser positiv, lade
ich die Führungskraft zu einem persönlichen Gespräch ein.

Hier würde ich unter anderem auch diese drei Fragen stellen:
1. „Was würden Sie machen, wenn Sie kein Geld verdienen, müssten?" (eFinancial-
   Careers DHI Gruppe 2021, 2022)

Mit dieser Frage finde ich die Motivation der Führungskraft heraus, ob er/sie „Bock"
hat und auch Charaktereigenschaften, die zum Anforderungsprofil gehören.

2. Warum wollen SIE genau dieses Gesundheitsstudio führen?

Mit dieser Fragestellung finde ich seine/ihre Beweggründe heraus und kann daraus erste
Schlüsse ziehen, ob er/sie zu meinem Gesundheitsstudio passt.

3. Was sind Ihre Stärken und Schwächen, nennen Sie jeweils drei.

Die Antwort zeigt einerseits Authentizität, Ehrlichkeit und das Bewusstsein der eigenen
Stärken und Schwächen, sowie ob er/sie sich glaubhaft verkaufen kann. Die Art, wie
man Schwächen präsentiert, z.B. dass man daran arbeitet und dazu steht, gibt zudem
Aufschluss, ob eine Zusammenarbeit vorstellbar ist.

In einem letzten optionalen Schritt (je nachdem, wie überzeugt man von den Bewerbern
ist oder wenn man mehrere sehr gute Bewerber hat), würde ich dies offen kommunizie-
ren und die besten drei Führungskräfte einzeln für einen halben Tag einladen, sie dem
Team vorstellen und diese für 5 Stunden zur Probe arbeiten lassen.

Damit möchte ich mich vergewissern, dass das Team auch mit der Führungskraft arbeiten kann (Akzeptanz und Annahme der Führungskraft) und sehe erste Tendenzen, die
für eine gute Zusammenarbeit sprechen.

Auf Basis dieses Tages würde ich mich dann für die Führungskraft entscheiden und
könnte dem zweitbesten Bewerber die stellvertretende Führung im Gesundheitsstudio
anbieten.

6   Literaturverzeichnis

Bamberger, I. & Wrona, T. (2012). *Strategische Unternehmensführung. Strategien, Systeme, Methoden, Prozesse* (Vahlens Handbücher der Wirtschafts- und Sozial- Wissenschaften, 2.). München: Vahlen.

Bergmann, Dr. Julian (o.J.). *Die Bedeutung von Fitness in der Gesellschaft.* Zugriff am 17.05.22. Verfügbar unter: https://www.akademie-sport-gesundheit.de/magazin/die-bedeutung-von-fitness-in-der-gesellschaft.html

Bhagwati, M. (o.J.). *Online-Wirtschaftslexikon.* Zugriff am 17.05.2022. Verfügbar unter: http://www.daswirtschaftslexikon.com/d/image_und_imagetransfer/image_und_imagetransfer.htm

BSA-Zert (2022). *Unabhängige Zertifizierungsstelle der BSA-Akademie.* Zugriff am 16.05.2022. Verfügbar unter: https://www.bsa-zert.de/vorteile-der-dienstleistungszertifizierung/

Clement, S. (2022). *Warum die Preise 2022 weiter steigen – Tagesschau.* Zugriff am 17.05.2022. Verfügbar unter: https://www.tagesschau.de/wirtschaft/finanzen/inflation-lieferengpaesse-materialmangel-101.html

clever fit GmbH (2022). *Premiumfitnesskette.* Zugriff am 17.05.2022. Verfügbar unter: http://clever-fit.com

Destatis 2022. *Statistisches Bundesamt Deutschlands.* Zugriff am 16.05.2022. Verfügbar unter: https://www.destatis.de/DE/Themen/Querschnitt/Demografischer-Wandel/_inhalt.html

Düsseldorf Tourismus. (2022). *Düsseldorf – Nähe trifft Freiheit.* Zugriff am 15.05.2022. Verfügbar unter: https://www.duesseldorf-tourismus.de/erleben/shopping-fashion/koenigsallee

ECE Marketplaces GmbH & Co. KG. (2022). *Kö-Galerie.* Zugriff am: 16.05.2022. Verfügbar unter: https://www.koegalerie.com

eFinancialCareers DHI Gruppe 2021. *120 Fragen mit denen Sie in jedem Bewerbungsgespräch rechnen müssen.* Zugriff am 18.05.2022. Verfügbar unter: https://www.efinancialcareers.ch/nachrichten/2017/12/70-fragen-mit-denen-sie-in-jedem-vorstellungsgesprach-rechnen-mussen

eGym 2022. *Fitnessgerätehersteller.* Zugriff am 17.05.2022. Verfügbar unter: https://studiosuche.de/fitness/duesseldorf

etone Motion Analysis GmbH (2022). *Vaha Fitnessspiegel.* Zugriff am 17.05.2022. Verfügbar unter: https://de.vaha.com/?hideCookieBanner=true&gclid=Cj0KCQjwpv2TBhDoARIsALBnVnmlduDdPAKfMuktg_h97Wmxf-bObYypZM8qpJnMwSDkMQeQa3dwZXFaAashDEALw_wcB

EVO Fitness 2022. *Premiumfitnessanbieter.* Zugriff am 17.05.2022. Verfügbar unter: https://evofitness.at/what-is-evo/

Fitness First Germany GmbH 2020. *Fitnessanbieter im Premiumbereich.* Zugriff am 17.05.2022. Verfügbar unter: https://www.fitnessfirst.de/clubs/duesseldorf-derendorf-im-lighthouse

Handelsblatt GmbH (2022). *Unternehmerzeitungsverlag.* Zugriff am: 17.05.2022. Verfügbar unter: https://www.handelsblatt.com/?footerhp=scroll

Hammer, R. (2015). *Unternehmensplanung. Planung und Führung.* (9. Aufl.). Berlin/München/Boston: Walter de Gruyter GmbH.
Hansefit GmbH & Co. KG (2021). *Sport in Deutschland: Essen ist das Paradies – Metropolen chancenlos.* Zugriff am 17.05.22. Verfügbar unter: https://hansefit.de/sport-in-deutschland/

HealthDataSpace. (2022). *Medizindaten. Einfach. Sicher.* Zugriff am: 16.05.2022. Verfügbar unter: https://healthdataspace.org/fitness-trend-kryotherapie-wie-hilft-die-kaelte-kammer/

Heidelberg Institue für Geoinformation Technology. (2022). *Openrouteservice* (Routenplaner von Google Maps). Zugriff am 16.05.2022. Verfügbar unter: https://maps.openrouteservice.org/#/place/@6.781740188598634,51.2229589546393,10

Holmes Place 2022 (2022). *Fitnessanbieter im Premiumbereich.* Zugriff am 16.05.2022. Verfügbar unter: https://www.holmesplace.de/de/uber-uns

Hungenberg, H. & Wulf, T. (2011). *Grundlagen der Unternehmensführung. Einführung für Bachelorstudierende* (Springer-Lehrbuch, 4., aktualisierte und erw. Aufl.). Berlin, Heidelberg: Springer. https://doi.org/10.1007/978-3-642-17785-9

IHK Düsseldorf. (2015). *Gewerblicher Mietspiegel Stadt Düsseldorf.* Zugriff am 16.05.2022. Verfügbar unter: http://www.schubach.de/Duesseldorf-Mietspiegel-Immobilienbewertung-Gewerbe.pdf

IG Kö Marketing GmbH. (2022). *Königsallee Düsseldorf.* Zugriff am: 15.05.2022. Verfügbar unter: https://koenigsallee-duesseldorf.de/shops/center-malls/schadow-arkaden/

Johnson, G., Whittington, R., Scholes, K., Angwin, D. & Regner, R. (2016). *Strategisches Management – Eine Einführung* (10., aktualisierte Aufl.). Hallbergmoos: Pearson Verlag.

Kim, W. C. & Mauborgne, R. (2015). *Blue ocean strategy. How to create uncontested market space and make the competition irrelevant* (Expanded edition). Boston, Mass.: Harvard Business School Publishing Corporation.

Kotler, P., Keller, K., Opresnik, M. (2015). *Marketing - Management. Konzepte – Instrumente – Unternehmensfallstudien.* Halbergmoos: Pearson Deutschland GmbH.

KVpro.de GmbH (2022). *KV FUX – private Krankenkasse.* Zugriff am 17.05.22. Verfügbar unter: https://www.kv-fux.de/pkv-glossar/selbstzahler/

Landeshauptstadt Düsseldorf. (2022). *Düsseldorf (Internetseite von der Stadt)*. Zugriff am: 16.05.2022. Verfügbar unter: https://www.duesseldorf.de/wirtschaftsfoerderung/standort.html

Messner, D. (2020). *Drei Krisen gleichzeitig. Im Kampf gegen die Corona-Pandemie wird gerade sehr viel Geld ausgegeben. Werden die Mittel klug genutzt, kann auch beim Klimaschutz viel erreicht werden.* Zugriff am: 17.05.2022. Verfügbar unter: https://www.zeit.de/wirtschaft/2020-04/corona-pandemie-klimawandel-armut-krisen-zukunft?utm_referrer=https%3A%2F%2Fwww.umweltbundesamt.de%2F

Müller-Stewens, G. & Lechner, C. (2011). *Strategisches Management. Wie strategische Initiativen zum Wandel führen: der St. Galler General Management Navigator* (4., aktualisierte Aufl.). Stuttgart: Schäffer-Poeschel.

Roth Institut (2022). *Neue Werte, alte Werte – Wertewandel in der modernen Arbeitswelt.* Zugriff am: 17.05.2022. Verfügbar unter: https://www.roth-institut.de/roth-wissens-journal/wissen-führung/neue-werte-alte-werte-wertewandel-in-der-modernen-arbeitswelt/

Schumann, O. (2021). *Studienbrief Strategische Unternehmensführung 1* (rev.26.049.000). Saarbrücken: Deutsche Hochschule für Prävention und Gesundheitsmanagement.

Slack Technologies (2022). *Die wichtigsten Vorteile der Digitalisierung für Dein Unternehmen.* Zugriff am: 17.05.2022. Verfügbar unter: https://slack.com/intl/de-de/blog/transformation/die-wichtigsten-vorteile-der-digitalisierung-fur-dein-unternehmen

Straub, T. (2015). *Einführung in die allgemeine Betriebswirtschaftslehre* (2., aktualisierte Aufl.). Halbergmoss: Pearson Verlag.

Statista 2022 (2021). *Umsatz der Branche Fitnesszentren in Deutschland von 2012- - 2019 und Prognose bis zum Jahr 2025.* Zugriff am: 17.05.2022. Verfügbar unter: https://de.statista.com/prognosen/314300/fitnesszentren-umsatz-in-deutschland

Tomczak, T., Kuß, A. & Reinecke, S. (2014). *Marketingplanung – Einführung in die marktorientierte Unternehmens- und Geschäftsfeldplanung.* (7. Aufl.). Wiesbaden: Springer Gabler.

Venzin, M., Rasner, C. & Mahnke, V. (2010). *Der Strategieprozess. Praxishandbuch zur Umsetzung im Unternehmen* (2., erw. Aufl.). Frankfurt: Campus.

Welge, M. K. & Al-Laham, A. (2012). *Strategisches Management. Grundlagen - Prozessimplementierung* (6.): Gabler.

Wirtschaftsforum (o.J.). *Wir nehmen Wirtschaft persönlich.* Zugriff am 17.05.2022. Verfügbar unter: https://www.wirtschaftsforum.de/portraits/fitness-first-germany-gmbh/unser-anspruch-fitness

Wöhe, G. & Döring, U. (2010). *Einführung in die allgemeine Betriebswirtschaftslehre* (24., überarbeitete und aktualisierte Aufl.). München: Vahlen. Verfügbar unter http://www.worldcat.org/oclc/863954010

7 Abbildungs- und Tabellenverzeichnis

7.1 Abbildungsverzeichnis

7.2 Tabellenverzeichnis